Kde všichni odcházejí a už se nevrací

Where Everyone Leaves,
Never to Return

Kde všichni odcházejí a už se nevrací

Where Everyone Leaves,
Never to Return

Poems by Bronislava Volková

Plamen
Press
Where Words Ignite

Washington, DC

Plamen Press

9039 Sligo Creek Pkwy, Suite 1114, Silver Spring, Maryland 20901
www. plamenpress.com

Translation copyright © 2023 by Bronislava Volková
Czech text copyright © 2023 by Bronislava Volková
Published by Plamen Press, 2023

Printed in the United States of America

10 9 8 7 6 5 4 3 2 1

PUBLISHER'S CATALOGING-IN-PUBLICATION DATA

Names: Volková, Bronislava, author. | Volková, Bronislava, translator.
Title: Where Everyone Leaves, Never to Return / Bronislava Volková;
Description: Silver Spring, MD: Plamen Press, 2022
LCCN: 2023933775

Identifiers: ISBN 978-1-951508-27-2 (paperback)

ISBN 978-1-951508-28-9 (PDF) | ISBN 978-1-951508-29-6 (Epub)
Subjects:
LCSH: Czech poetry--Translations into English.
Czech poetry--21th century. | Eastern European poetry.

BISAC: POETRY / European / General. |
POETRY/ Russian & Former Soviet Union

Edited by Rachel Miranda
Edited by Roman Kostovski
Edited by Carleton Bulkin

Cover art: Sním/Dreaming by Bronislava Volková © 2015
Interior Art: Přátelé/Friends by Bronislava Volková© 2014

Contents

Zakotvena ve vnitřním tichu,
nic víc.

Anchored in inner silence,
nothing more.

Kde všichni odcházejí a už se nevrací

Where Everyone Leaves,
Never to Return

Modlitba dítěte

Jsem tvoje dítě.
Dej mi svou něhu,
ne strach.
Jsem tvoje dítě.
Dej mi svou laskavost,
ne hněv.
Dej mi svou odvahu a sílu.
Nevnášej do mne svůj smutek.
Jsem tvoje dítě.
Nabídni mi svou lásku a radost.
Jsem tvoje dítě.
Zahrň mne klidem,
ne chaosem.
Jsem tvoje dítě.
Zalij mne jasností, ne zmatkem.
Buď tu!
Já tu jsem doopravdy.

A Child's Prayer

I am your child.
Give me your gentleness,
not fear.
I am your child.
Give me your kindness,
not anger.
Give me your courage and strength.
Inflict no grief on me.
I am your child.
Offer me love and happiness.
I am your child.
Cover me with calm,
not chaos.
I am your child.
Fill me with clarity, not confusion.
Be present!
I am.

Jitro rozptyluje svoje průhledné prsty
v mé samotě.
Srdce zlehka otevírá své okvětní lístky
životodárnému dešti.
Ráno je čisté a otevřené
v modlitbě za nový den.

Tajemství soumraku—zdaleka
chystá se postrkovat mě do jiné říše,
do noci
      extáze.

Dawn spreads its transparent fingers
within my solitude.
My heart gently opens its petals
for life-giving rain.
The morning is pure and open
in prayer for the new day.

The mystery of twilight from a distance
prepares to nudge me into another realm,
into a night
         of ecstasy.

Pes

Pes pes pes
Pes!
Tak a tu to je!
S velkými písmeny na začátku každého řádku
Jsme tu a není potřeba
Se měnit, snažit, mluvit nebo utíkat
Jsme tu—sedíme, chodíme, žijeme
Klidná vášeň tvých očí
Ti co odcházejí se nevrací
Ale jsou tu
Není třeba o tom mluvit
Dělat to
Říkat to
Jít
Není třeba
Bože!

Ti na té druhé straně
Jistě zpívají
Jistě odpočívají a popíjejí
Manu nebeských slov
Nebo ticho (ticho by mohlo být lepší)
Smysl přichází jen se slovy
Jichž není třeba
A tak
Nakonec
Smyslu kupodivu není třeba též
Jaké osvobození!
Smyslu životního úsilí
Vlastně není třeba.
Mír.
Básně
Poezie
Všechno tohle
Všechno tamto
Už nepovolává k pocení
Ke sdílení a křičení a srkání
V malých krocích ve velkých krocích
Se vzpomínkami
S vtipem

Dog

Dog dog dog
Dog!
And there we have it:
With capitals at the beginning of each line
We mark our presence—no need
To change, to strive, speak, or run
We are here, sitting, walking, living
With the peaceful passion of your eyes
Those who leave do not return
But they are there
No need to speak of it
Do it
Say it
To go
No need
God!

Those on the other side
Must surely sing
Must surely relax and feast
On manna of heavenly words
Or silence (silence might be better)
Meaning comes only with words
That are unnecessary
Thus
Ultimately
Meaning, too, is surprisingly unnecessary
Oh how liberating!
That meaning of life's pursuits
Is actually unnecessary.
Peace.
Poetry
Poems
All this
All that
No longer calls for sweating
And sharing and shouting and slurping
In little steps, in large steps
With memories
With jest

Se smutkem
Odcházení plynutí veslování
Do té zahrady
Bez stráží a beze slov
Pes nepes
Kočka nepočká
Tik
Tak
S dovolením lásky
Živoucí
Pryč

With sadness
Vanishing, flowing, rowing
Into that garden
Without guards and words
Dog god
Cat tack
Tick
Tock
Love willing
Love living
Gone

Loučení s mou drahou Kuši

Lásko, už tu nejsi.
Život není týž
bez tvé srsti pod mou rukou.
Bez modři tvých očí,
bez tvé přítomnosti.
Bez tvého vyhledávání našeho spolubytí.
Bez tvojí chuti,
bez tvého váhavého našlapování.
Bez tvého jedinečného kníku.
Ach ty nejpokornější z nejpokornějších!
Už tu nejsi, abych ti mohla říct dobrou noc.
Oslavit s tebou nové jitro.
Vrátit se k tobě.
Ztratilas svoji sílu a činorodost,
svou plnost a měkkost.
Zůstalas nehybná pod stolem,
na svém oblíbeném místě
s očima otevřenýma do neznáma.

Pamatuji se na tvé malé procházky do zahrady,
když ti už ubývalo sil,
aby ses rozloučila s přírodou
ve svém posledním, šestnáctém, létě života,
abys našla mír v tom,
co jsi vždy tak váhala přijmout.
Moje nejdražší bytosti,
družko mé duše,
věrná a tichá
růže mého srdce,
udělaná z kožíšku a ach, tak zranitelná!
Stále potřebná péče a ochrany.
Kde jsi teď?
Mé oči už zdá se nemohou plakat.

Tvé tělo vonělo po malinách
a čas od času
i teď

Farewell to My Sweet Kushi

Love, you are gone.
Life is not the same
without your fur in my hand.
Without the blue of your eyes,
without your presence.
Without you seeking our togetherness,
without your appetite,
without your hesitant step.
Without your squeak.
Oh you, the meekest of the meek!
You are no longer there
to say good night to.
To greet the morning.
To return to.
You lost your strength and agility,
your fullness and your suppleness.
You remained motionless under the table
in your favorite spot
with your eyes open into the unknown.

I remember the little walks you took in the garden
When your strength had waned
to say goodbye to nature
in the last, sixteenth summer of your life,
to find peace in that
which you were always so hesitant to accept.
My dearest being,
soul mate, companion,
loyal and calm,
rose of my heart
made of fine fur and oh so vulnerable!
Always in need of care and protection.
Where are you now?
My eyes no longer seem capable of crying.

Your body smelled of raspberries
and from time to time
even now

zachytím tvůj závan,
byť jsi už nedotknutelná.

Je čas.
Je čas pro to nejlepší a nejplnější—
pro hnízdo,
aby se naplnilo tekutým listím,
jež čistě vítá.
Je čas snít
a plavat proti proudu
a letět na lahodných
křídlech tvého půvabného míru,
jímž obdarováváš.

Vítr na kolenou
za okny zpívá
svou píseň slunci.
Napřahuje své ruce
k horám,
kam odchází spát.

I catch a whiff of you,
no longer tangible.

It is time.
It is time for the best and for the fullest
for the nest
to fill with fluid leaves
that genuinely welcome.
It is time to dream
and swim up the stream
to fly on the delightful
wings of your graceful peace offering.

Outside the windows
the wind on its knees sings
its song to the sun.
It reaches its arms
toward the mountains,
where it goes to sleep.

Festival poezie v Ščelkině (Krym)

Místo, které pro mnohé znamená tolik, pro mne skoro nic.
Jiříkovo vidění.
Neviditelná chudoba a do očí bijící.
Lidé nadšení z přátelství a příležitosti sdílet svoje city
v podobě básní a písní. Být viděni a slyšeni.
Teplo v západním světě neznámé.
Subtropická květena. Malebná zákoutí.
Přímo před oknem uschlý keř mezi těmi všemi
co tak bujaře kvetou. Toulavé kočky a moře.
Nic dobře nefunguje, modikum komfortu a láce k neuvěření.
Setkání s lidmi, jež už snad neuvidím.
Slova, která se míjejí s mýma ušima. Pití čaje.
Kéž by byla láska v duši!
Úsměvy všem.
Tolik citů se line z tolika různých úst.
Srdce se vyprazdňuje, chce se žít, chce se pít ze dna slov.
Srdce se sdílí ochotně, velkoryse, něžně jako růže, jak květ
hostie a tolik dalších, neznámých květů, obklopených keři
zelenými a bujnými, objímajícími dech zbloudilých psů a koček.
Teplota vzduchu hladí tělo a odpouštět je snadné.
Touláme se spoře osvětlenými uličkami mezi barevnými domky
a snažíme se zapomenout na každodenní starosti, fascinovaní
oddaností poezii a intelektuálními rozhovory na ruská témata.
Zdá se, že účastníci tohoto literárního pionýrského tábora jsou zcela
okouzleni vzájemným sdílením, jehož se nemohou nabažit
do pozdních nočních hodin.
Mezi ironickými intelektuály se proplétají něžné a dobromyslné duše
a všichni dávají celé své srdce do procítěných slov.
Rýmy se hemží patriotickým patosem prodchnutým nadějí
v lepší budoucnost slovanstva, které bude bezpodmínečně
spojené vzájemnou láskou pod vedením duchovně vyspělejšího,
ruského člověka.
Pravda, je zde velkorysost a láska bez hranic a měkkost žen.
Historie je vtělena do každého osudu a její hrůzy nejsou zapomenuty.
Krátkost rozumu je však někdy těžko stravitelná.

Poetry Festival in Shchelkino (Crimea)

A place that means so much to many and nothing to me.
A dizzying vista opens before me.
Unseen poverty hits the eyes.
People excited by friendship and opportunity to share their feelings
in poems and songs. To be seen and heard.
A warmth unknown in Western lands.
Subtropical flora. Picturesque corners.
And outside my window—a withered bush among the many others,
so buoyantly blooming. Stray cats and the sea.
Nothing works properly, a modicum of comfort unbelievably cheap.
Meeting people I might never see again.
Words that pass by my ears. Drinking tea.
If only I had love in my soul!
Smiles for everybody.
So many feelings pouring from so many different mouths.
The heart spilling out, that desire to live, to drink from the bottom of
     words.
The heart shares freely, generously, tenderly like a rose, like the blossom
of a host and so many other unknown flowers surrounded by bushes
green and luxuriant, embracing the breath of stray dogs and cats.
The heat in the air caresses the body, forgiveness comes easy.
We wander through sparsely lit streets among colored houses
and we try to forget our daily worries, fascinated
by devotion to poetry and intellectual conversation on Russian topics.
It seems that the participants of this literary pioneer camp are totally
charmed by the sharing of verses, of which they don't tire
till the late night hours.
Tender and well-meaning souls interlace with sardonic intellectuals
and all of them put their whole hearts into deeply felt words.
Rhymes swarm with patriotic pathos filled with hope
in a better future for Slavdom which will be unconditionally
united by mutual love under the leadership of a more spiritually advanced
Russian soul.
True, there is generosity here and love without borders and the softness
     of women.
History is embodied in every fate and its horrors are not forgotten.
The brevity of reason is sometimes hard to swallow.

Armén a Žid zapadnou společně do tohoto zvláštního kolektivu,
ba i příležitostný Ukrajinec, Bělorus a Bulhar zde nachází své místo,
Čecho-Američan najde slyšení, ale zdali vyslyšení?
Západ zde není.
Moře je v těchto dnech laskavé, ochranné, milostné a měkké.

An Armenian and a Jew together fit in this strange collective,
even the occasional Ukrainian, Belorussian, and Bulgarian find their
     place here.
A Czech-American will attract listeners' attention, but will she be heard?
The West is not here.
The sea is kind, protective, loving, and gentle these days.

Láska lidí vyplouvá,
skomírá,
přechází.
Zvířátka jsou věrně s námi,
pak jedno po druhém odcházejí.
Hvězdy se zdají
věčně vyzařovat světlo,
klidné, laskavé.

Human love sails forth,
flickers out,
crosses over.
Animals faithfully stay,
then leave one by one.
Stars seem to radiate light forever,
calm and kind.

Každodenně sbíráme síly k novému dni
plnému úsilí a pilné práce—
bez velkých nadějí se prodíráme bytím.
Večer
odpočíváme únikem do jiných světů,
v nichž bychom ve skutečnosti sami žít nechtěli.

Every day we collect our strength for a new day
full of effort and hard work—
without great hope we struggle through being.
At night
we relax, escaping into different worlds,
in which we wouldn't actually want to live.

Lásko má, už tě nepoznávám,
tolikrát jsi proměnila svou tvář, svůj způsob i krok,
dotek i hlas! Jsi stále vrtkavá a proměnlivá...
Tu zde—tu pryč.
Paměť si naříká, že tě sotva zná,
že odcházíš dřív, než si tě stačí zapsat do svých análů
a hned už zase musí pracovat na jiné tváři,
jiném doteku, jiném zápasení...
Jen spočinutí ne a ne zasáhnout.
Proto je lépe jít cestou do neznáma
sám, bez holí, otevřen dokořán.

My love, I no longer recognize you,
so many times you have changed your face, your manner and step,
touch and voice! You are so fickle and changeable…
Now here, then gone.
Memory laments that it barely knows you,
that you leave before it has time to record you in its annals
and it already has to work on a different face,
a different touch, a different contest…
Only repose refuses to intervene.
That's why it's better to walk into the unknown
alone, without a cane, wide open.

Mé tělo, mé drahé, sladké dítě—
váhá se vzdát do spárů času—
uléhá posléze v Tvé něžné sítě
a z mojí hrudi
v tu chvíli tisíc květů pučí.
Mír rodí se a jasnou září budí—
život i smrt svůj opuštějí svár
a svorně, vlídně omývají mi čelo.
Jsem v duchu objímána celá a plynu dál
do míst, kde ticho zpívá, hladí, váže,
beze slov tvoří svůj zlatistý grál.

My body, my dear, sweet child—
it hesitates to submit to the clutches of time—
In the end, it will lie down in your tender nets
and in that moment
a thousand blossoms will sprout from my chest.
Peace is born and awakens a bright light—
life and death abandon their strife
and unanimously, kindly wash my brow.
I am embraced in spirit, complete as I move on
to places where silence sings, caresses, and binds,
forging without words its golden grail.

Miluji ticho.
Málokdo umí
lépe než ticho znít
radost mít
jizvy sešívat
rány hojit
láskou se skvít.

I love silence.
There are not many who know
how to sound better than silence
how to rejoice
to stitch the scars
heal wounds
how to bloom with love.

Neopouštěj mne—nerozpouštěj se v nebytí
tak jako tolik jiných ...
Už jsi jen závoj snu, víc nic. Míháš se krajinou,
v níž jsi tím, co již nezachytím, nepolíbím a neobejmu.

Don't leave me—don't dissolve into nonbeing
like so many others do…
You are already only a veil of a dream, no more.
You flash through the landscape,
where you are no longer there for me to grasp, kiss, and embrace.

Léto, nezapomenutelné léto,
překypující zeleň bez konce,
šťavnatá, nasycující nás svou bytostnou životností.
Máme strach ze života bez ní,
kde všichni odcházejí a už se nevrací.
Můžeme žít i s málem.
Bez lásky, o níž jsme snili,
bez těch, kteří byli
s námi v dobách, kdy jsme žili.
Bez těch, co jsme milovali
v tom životě, co je
tak krátký.
I bez nás.

Summer, unforgettable summer,
brimming over with endless green.
Juicy, saturating us with its essential vitality.
We fear life without it,
where everyone leaves, never to return.
We can live even with less.
Without the love we dreamt about,
without those who were
with us in times when we were alive.
Without those we loved
in that life that is
so brief.
Even without us.

Kdysi

Kdysi zpíval les něžnou píseň bdění
a snění a keř
skrýval svůj plamen i chtění
pro příští hvězdu na čistém nebi.
Dnes už necítím ten van minulých
snů a doufání v polibky jara
a něžná pohlazení, v podzimní tíhu listí
a v sněžné cesty hor.
Vášeň odezněla,
vyprahla bez souznění.
Slova kapou z otvorů těla a dusí se někdy
slinou, jež po nich zůstala v ústech,
netoužíc víc po letním omámení.
Stáří nám oznamuje svoji notu,
samotu stěn a každodenních kroků.
Už nevíme, kam odcházejí
a proč, jen zlehka polaskány větrem
se choulí do ticha, o kterém nikdo neví,
které nikdo neprostupuje—
do ticha nasyceného vším.

Once

Once the forest sang a gentle song of wakefulness
and dreaming, and the bush
hid its flame and desire
for the next star in the pure sky.
Today I no longer feel the breeze of past
dreams and hopes for the kisses of spring
and gentle caresses, for the autumn heaviness of leaves
and snowy mountain paths.
Passion has faded
and grown parched without harmony.
Words drip from the body's cavities and sometimes choke
on saliva left over in the mouth,
no longer yearning for summer's intoxication.
Old age is sounding its note,
the solitude of walls and everyday steps.
We no longer know where they lead
and why, only lightly caressed by the wind,
they huddle in a silence no one knows,
no one penetrates—
in a silence saturated with everything.

Když pomyslím na to, jak cestovali
moji příbuzní na své poslední cestě,
už se mi ani cestovat nechce.
Či být.
To neúnavné budování budoucích snů,
konání a komunikace bez ustání.
To vážení a svážení (ne)potřebného.
Rány osudu, překážky a pocty
se časem slívají v nerozlišitelné
cíle, požitky a přidané hodnoty.

Miluji božské omývání,
ráj nicoty beztíže, bez mezí,
neviditelnou číši naplnění.

When I think of it, how my relatives
travelled on their last journey,
I no longer want to travel.
Or be.
All that tireless building of future dreams,
all that doing and endless communication.
This weighing and carting together of the (un)necessary.
The blows of fate, obstacles, and honors
gradually merge into indistinguishable
goals, pleasures, and added values.

I love the divine ablutions,
a boundless paradise of nothingness and weightlessness,
an invisible cup of fulfillment.

Koronavirus

Covid-19
Tak a máme to.
Nevídaná hrozba.
Nevídaná omezení, ze kterých
východiska není.
Velké neznámo.
Nikdo neví odkud přišel
a jaké
jsou jeho plány.
Nikdo netuší, jak změní jeho život,
či dá-li Bůh, nezmění.
Zatím nás jen dočasně vylučuje z dění,
a nechává spát bez velkých nadějí
a plánů.
Jeden den plyne jako druhý
v samotě, v jednotvárnosti,
ale dokud nás nepostihl,
můžem si ještě hrát, zápasit a učit se.

Coronavirus

Covid-19
So there we have it.
An unheard-of threat.
Unheard-of confinements, for which
there is no way out.
The great unknown.
Nobody knows where it came from
and what its plans are.
Nobody can predict how it will change their life,
or, God willing, it won't.
For now, it only prevents us from action
and leaves us to sleep without great expectations
or plans.
One day goes by like another
in solitude and monotony,
but as long as it doesn't strike us,
we can still play and struggle and learn.

Honí mě honí nedají pokoje,
naléhá trýzeň toho či onoho.
Myšlenky se točí bez konce
a je třeba jim uniknout za každou cenu.
Uniknout do míst vzdálených šumu,
do hlubin dálek a do vyšších míst,
kde je skutečný domov.

Za cestu je však třeba zaplatit vším
a neváhat, neustávat si pamatovat,
co je vpravdě cenné a co se jen cenným zdá.
Naše myšlenky jsou zrádné a neznají pravdu,
ani skutečnost. Proto musíme denně od nich
upouštět a odolávat jejich svodům, dokonce víc
než smyslům, jež mohou rovněž mámit a zastiňovat trůn.
Stoupejme do hor, do mraků, do proudů deště,
do modra nebe, abychom zaslechli chór snů.

They're chasing me, chasing, they won't leave me alone,
the insistent torment of this or that.
Thoughts endlessly turning
and we must escape them at all costs.
To flee to places away from the noise,
into the furthest depths or to higher ground
where a true home lies.

Yet the journey costs everything
and we mustn't hesitate or stop remembering
what is truly of value and what only seems to be.
Our thoughts are treacherous and know neither truth
nor reality. We have to leave them behind
daily and resist their enticements even more
than our senses, which can also intoxicate and overshadow the throne.
Let us ascend into the mountains, into the clouds, into the torrents
    of rain,
into the blue of the sky, to hear the choir of dreams.

Dospěla jsem.
Tady je můj domov.
Tady pleju
svou mysl od skořápek…
Tady sedím
v jádře zcela nahá
zcela svá
zcela mír
zcela semeno
zcela cesta
nehybná
se odvažuji
být—
teď a všude
Jsem jedno s tebou a s každým.
Dospěla jsem
do objetí.

I have arrived.
This is my home.
This is where I weed
my mind of eggshells...
Here is where I sit
all naked at the core
all myself
all peace
all seed
all journey
motionless
I dare
to be—
now and everywhere
I am one with you and everyone.
I have arrived
into an embrace.

Létám jako pták bez pevných záchytných bodů,
v nichž by bylo lze spočinout.
Vznáším se v nedohlednu a vydávám se na nečekané cesty
do netušených míst, kde malé plamínky lásky
mě udržují při životě, když klesám na mysli.
Nejsem ničí, jelikož o mě nikdo nežádá.
Jsem jen boží dílko—dítko—snění.
Nabízím své zrní všem bez rozdílu,
bez odměny, jako ta příslovečná lilie v poli.

I fly like a bird with no place to land
where I could have a rest.
I hover in the vast space and embark on unexpected journeys
to unanticipated places where flamelets of love
keep me alive when I lose heart.
I am no one's, as no one asks for me.
I am no more than God's little creation—a child—a dream.
I offer my seed to all without distinction,
without reward, like the proverbial lily of the field.

Nejsme tu sami
—jsou tu ptáci s námi.
Cvrlikají si po ránu v tichu
než začnou lidé se svým věčným hlukem,
aby se dobře slyšeli.
Pak ptáci ztichnou -
jakoby zcela zmizeli.
Probudí nás až zase příští ráno
po noci, v níž si oddechli
a mohli být zas chvíli sami
než budou znovu zrána s námi.

We are not alone here

—the birds are here with us.
They twitter in the morning silence
before people start with their endless racket
to be sure they can hear each other.
Then the birds fall silent—
as if they had completely disappeared.
They will awaken us again the next day
after a night of respite
in which they could be alone for a while
before they rejoin us again
in the morning.

Němý svědek

Puntíčkovi

Ticho.
Můj svědek bez hlasu odešel
bez upozornění, bez naříkání.
Najednou ztratil sílu a odezněl
bez vysvětlení se oddal proudu nezbytného dění.
Nějakou dobu ještě mě bude denně provázet
tak jako by tu byl
a potom stále méně,
až bude těžké byť myšlenkou
dotknout se, dosáhnout na něj
a bude ticho
bez svědka, chladné jak závěj.

A Silent Witness

To Poonchi

Silence.
My witness has left without a voice
without warning, without lament.
All at once his strength failed him, and he went silent
without explanation, he surrendered to the inevitable course of events.
He will still accompany me daily for some time to come
as if he were here
and then less and less
until it becomes difficult—even by thought—
to touch, to reach him
and all will be stillness
without witness, cold as a snowdrift.

Nový verš

Všichni jsou zběsilí
v honbě za novým veršem.
Už tu byl a poodešel stranou,
ale je to tak milé, když o něj někdo říká
jakoby na tom opravdu záleželo,
jakoby bylo nutné psát a vyjadřovat se
bez přestání a není.
Být zticha se nepěstuje.
Je třeba překřičet anebo
alespoň se vyrovnat těm ostatním
v tom křiku.
Je třeba přijít s další myšlenkou,
vtipným obratem či zajímavým
rozpoložením mysli nebo obrazem.
Ukázat svoji energii a zainteresovanost
na světě. A pak, v další fázi,
je třeba, aby ji někdo opublikoval, otiskl,
použil, přeložil či nadšeně okomentoval
a ocenil jako lepší než něčí jinou.

Můj verš
je mlčenlivý, chce se odmlčet
a nebýt slyšen.
Chce se skrýt a žít v tichu.
Chce jásat bez důvodu
a bez odměny, chce pít ze studně
v lese, kde není nikoho,
kdo by ho hodnotil, přehodnotil,
oslavil, odsoudil, zahodil, nedocenil
či prostě nechal bez povšimnutí.
Můj verš je řádek modlící se k tichu
bez kamarádů, již by ho opředli
svými alternativními kroky.
Můj verš si dřímá na vlnách jezera,
na oblacích.

A New Verse

Everybody is frantic
as they chase that new verse.
It was already here and stepped aside,
but it is so sweet when someone asks for it
as if it really mattered,
as if it were necessary to write and to express oneself
without pause—which it isn't.
It is not fashionable to be silent.
We are supposed to be louder or
at least as loud as everyone else
who's shouting.
We are supposed to come up with a new thought,
a clever wordplay or an interesting
state of mind or image.
To show our energy and interest
in the world. And then, in the next phase
someone needs to publish it, print it,
use it, translate it, or enthusiastically comment on it
and evaluate it as better than somebody else's.

My verse
is reticent, it wants to stop short
and not to be heard.
It wants to hide and live in silence.
To rejoice for no reason
and no reward, it wants to drink from a spring
in the woods, where there is no one
who would evaluate it, reevaluate it,
celebrate it, condemn it, throw it away, undervalue it,
or simply leave it unnoticed.
My verse is a line praying to the silence
without comrades who would spin it
with their alternative footwork.
My verse slumbers on the waves of a lake,
atop the clouds.

Orlátko se učí létat
v širokém prostoru, s matčinou pomocí.
Stane se brzy odvážným orlem
a vždycky poletí přímo ke slunci
bez váhání a beze strachu.
Až ale zestárne, nikdo je nezachrání.
Bez křídel a bez zobáku nemůže jíst
a ani už nechce.

An eaglet is learning how to fly
in the open sky, with its mother's help.
It will soon become a courageous eagle
and always fly directly into the sun
without hesitation and without fear.
When, however, it gets old, nobody will save it.
Without its wings and without a beak, it cannot eat
nor does it want to anymore.

Pád do trní se může znenadání stát
letem do nebe.
Smutek se může snadno proměnit
v zázrak radosti,
v záblesk mystéria.

A tumble into a briar patch can suddenly become
a flight into heaven.
Sorrow can easily transform itself
into the miracle of joy,
into a flash of revelation.

Proč stvořil milující Bůh člověka nemilujícího?
Snad proto, že ani On nemůže lásku darovat...
Všude kolem zbloudilý Adam, co touží být králem za každou cenu,
nevěda kam zachází a kudy jde,
co chválí a co przní...
Kletba desaterých stěn, které neumí rozložit ani otevřít,
svírá svou smrtonosnou zbraň.
Pro pouhé chiméry odkládá svůj život a stíní stromům.
Osleplý unavenou strunou opuštěnosti a nezdařených vět,
volbou svých pyšných světů a tvrdošíjné šíje prázdnoty,
odepsal duše, suše a hluše vyšel do zoufalých ulic.
A věnem je mu vítr...

Why did a loving God create an unloving man?
Perhaps because even He cannot gift love…
There's an Adam gone astray at every turn, wanting to be a king
    at any cost,
not knowing where he is headed or which way he is getting there,
what it is he honors and what he desecrates…
Accursed by wall upon wall that he can neither dispel nor destroy,
he clutches his deadly weapon.
He lays down his life and overshadows the trees for mere chimeras.
Blinded by the tired string of abandonment and aborted sentences,
choosing his proud worlds and dogged emptiness,
he has written off all souls, callous and deaf as he steps into the
desperate streets.
His dowry is the wind…

Třpyt

Stébla trávy se pomalu otvírají.
Motýl v letu
milostně líbá květy
na stoncích jež se zlehka naklánějí.
Včela neúnavně plní svůj úkol.
Bolest opouští neočekávaně tělo.
Spánek se snáší na unavená víčka.
Probouzím se svěží a plná naděje.
Protančím den.
Nic neočekávám a vše mám -
radostný duch vnitřního bytí.

Splendor

Blades of grass open slowly.
A butterfly in flight
lovingly kisses the blossoms
on stems slightly bowed.
A bee tirelessly fulfills its task.
Pain leaves the body unexpectedly.
Sleep descends on tired eyelids.
I awake refreshed and hopeful
and dance the day away.
I expect nothing, I have it all—
that joyous spirit of inner being.

Staré ženy jsou v našich pásmech neviditelné.
Mohou podnikat a mohou se smát pošetilosti mužů i mladých žen,
či pohlížet s útrpností na své kolegyně, co si předbíhají muže
často neúhledné, nevzrušující, pohodlné a bez fantazie.

Vášeň se jich netkne, žijí denními starostmi a plány, jež
mohou být kdykoli přetrženy.
Většinou bez polibků a pohlazení, neobjímány.
Jacques Brel jim zpívá o lásce, oddanosti a touze,
kterou ony necítí. Na chvilku
se nechávají unést tou iluzí slov a melodie,
ale jejich život je zgruntu jiný.
Těší se z maličkostí, jež neinspirují k milostným básním
a rozhodně ne k touze "být stínem tvého psa"
(jak zpívá Brel ve své překrásné písni).

A přece jejich život je teprve teď vskutku svobodný.
Teprve teď jsou šťastné, naplněné a klidné.
Teprve teď se vydávají za anděly.

Old women are invisible in our spheres.
They can take initiative and laugh at the foolishness of men and young
    women alike
or they can look with pity at those who vie with each other
    to please men,
who are unappealing, indolent, without imagination.

Passion does not touch them, they live by daily concerns and plans
that can be broken at any time.
Mostly without kisses or caresses, unembraced.
Jacques Brel sings to them of devotion and desire
which they do not feel. For a little while
they may let themselves be carried away by this illusion of words
    and melody,
but deep down, their lives are entirely different.
They enjoy little things that do not inspire love songs
and definitely, they do not desire to be "your dog's shadow"
as Brel sings in his beautiful song.

And yet, only then are their lives truly free.
Only then are they happy, fulfilled, and calm.
Only then do they set forth with the angels.

Ticho je pošta, ticho telefon.
Bez mezí samota
a přece se zdá, že tak to má být.
Milujeme. Jsme milováni.
A přece sami.
Činnosti
nás neustále odvádějí od nás samých.
Není čas.
Není stání.
Rozjímání.
Plnění snů.
Není důvěrného snění
ani...
Už nikdy.

Silent the mail, silent the telephone.
Boundless solitude
and yet, everything seems as it should be.
We love. We are loved—
and yet alone.
Activities
constantly pull us away.
There is no time.
No stillness.
Contemplation.
Fulfillment of dreams.
No intimate reveries
or...
Nevermore.

Únava tance.
Dny se kupí a plavou jeden za druhým
bez tíže - ponořené do snu
bez konce.
Plyneme v náručí pouhého času,
znějíce v bezmezných nocích,
jež se nás netýkají
a jež nás nevidí ani neslyší,
naplněny svým vlastním hlukem,
který nikdy neutichá.

The weariness of dance.
The days pile up and float by one after another
weightless—immersed in a dream
without end.
We float in the arms of mere time,
sounding in boundless nights,
that do not concern us
that do not see or hear us,
filled with their own noise
that never calms.

V povětří láska, naděje poletovala
jako neviditelný pták.
Neslyšně se dotýkala čehosi netušeného,
co mi patřilo jak
doušek vody jako
nádech spřízněného kraje,
nevyslovitelného,
a přece vysloveného.
Ten kraj měl mnoho podob
a všechny ve mně zůstaly
navždy jako nekonečná touha
po jedinečné pravdivosti naslouchání.

Love, hope was fluttering about in the breeze
like an invisible bird.
It quietly touched down on something unexpected
that belonged to me, like
a sip of water, like
the breath of a kindred land,
unpronounceable,
yet pronounced.
That land had many forms
and they have all stayed inside me
forever, like an endless desire
for the unique truth of listening.

Variace na téma únavy

Proč psát—houpat se v síti slov
jež tečou na papír a pletou se do myšlenek
zamazané jimi jako tučnými písmeny
ze zmatených textů, jež pro kvantitu
není možno číst.
Sepíšeme traktát v naději, že někoho
bude zajímat a někdo se na něm bude
chtít podílet a snad ho i přeložit do
dalších jazyků, aby se rozšířil
do dalších světů a obohatil je svým úhlem
pohledu, svou barvou zanícení, svým
unikátním zaměřením.
Je třeba ho pak dát i do učebnic a proměnit
ho ve film, protože dnes to je nejlepší
způsob jak zakamuflovat myšlenku či slovo
jako by to ani slovo nebylo, jako by to byl
obraz či děj.

Variation on the Theme of Weariness

Why write—why rock in the hammock of words
that pour onto paper and get mixed up in thoughts
smudged like the bold letters
of muddled texts, so many in number
we cannot read them all?
We will write a treatise in the hope that it may
interest someone and someone will want
to take part in it, perhaps even translate it into
other languages, so that it will spread
to other worlds and enrich them by its point
of view, by its brand of ardor, by its
unique bent.
Then it is necessary to put it into textbooks and turn
it into a film, because today that is the best
way to camouflage a thought or a word
as if it weren't even a word, as if it were
an image or a plot.

Zaslechnuto

Tatínek byl dentista
Kolín Letná ulice
A proč? Všichni jsou
vyznamenáni a považují to
za nepodstatné.
Tatínek nepřežil.
Místo koncentráku odboj.
Požehnaný život
a oni ho zveřejnili.
Má román. Je čten.
Zůstal tam. Pak odešel.
Jedna žena střídala druhou
a čtvrtá třetí. Jedna
mladší než druhá a
čtvrtá než třetí.
Požehnání otcovstvím ve stáří.
Spí. Ne každého to
všechno zajímá.
Králíček má vztah k Trockému.
Nic ale nemyslel vážně.
Fabuloval.
Tristan aneb zrada vzdělance.
Ani francouzská televize
ho nevnímala.
A byl to Žid!
Unikavý a vágní, inteligentní
a společenský.
Šel za nevinností, stal
se vinným.
Zanechal mnoho dětí.
Asi šest. Nevím. Někteří
byli Synkové (po otci
nakladateli).
Kalendář popsán.
Je to fajn. Ale ne
až zas tak moc.
Popis popis popis.
Obsese.

Overheard

Father was a dentist
Letná Street, Kolín
And why? Everyone is
recognized for something and thinks
nothing of it.
Dad didn't survive.
Instead of a concentration camp, the resistance.
A blessed life
and they published it.
He wrote a novel. People knew who he was.
He stayed. Then he left.
One wife gave way to another
then a third to a fourth.
The second younger than the first
and the fourth than the third.
Blessed by fatherhood in old age.
No trouble sleeping. Few care
about all that.
Mr. Pinski has an affinity for Trotsky.
But he didn't mean anything seriously.
He made things up.
Like Tristan's, a highbrow's betrayal.
Not even French television
took any notice.
And he was a Jew!
Elusive and vague, intelligent
and sociable.
His bid for innocence led him
to guilt.
He left many children.
About six. I don't know. Some of them
were Syneks (after their father,
the publisher).
His calendar filled.
That's fine. But not
a big deal after all.
Describe describe describe.
Obsess.

Píšu kdekoli česky.
Tak to je.
(Žiju sama.
Nevím, kde bych přišla
ke čtyřem manželům
a šesti vlastním dětem.)
A přece na konci zbývá
touha po eutanázii.

I can write in Czech anywhere.
That's a fact.
(I live alone.
I don't know where I would come up with
four husbands
and six children of my own.)
And yet, at the end,
there is still the longing for euthanasia.

Tak přicházíme bez povšimnutí
a odcházíme domů.
Zelené chvojí ovívá naše spánky
když se probouzíme v zimním vyzvánění.
Nejsme tu bezděčně,
víme vše, i když často předstíráme
nevědomí.
Vědět nás bolí.
Utíráme slzy jen potají,
protože ostatní mlčí.
Zdá se jim to tak lehčí a moudřejší.

So we arrive unnoticed
and then leave for home.
The green branches fan our temples
when we wake up amid the wintery peal of the bells.
We are not here by chance,
we are aware of everything, even if we often pretend
not to be.
Knowing hurts.
We dry our tears only in secret
because others keep silent.
It feels easier and wiser for them that way.

Moji drazí, tak ráda bych Vás navštívila,
ale nevím, kde Vás najít.
Jste v tajemnu a není jisté, zda bude ještě možné
se s Vámi sejít.
Někteří lidé jsou o tom přesvědčeni,
ale jak všichni víme, přesvědčení jsou obvykle pošetilá.
Přesvědčení je přesvědčení a bytí bytí.
Přesvědčení se vytvářejí pro zažehnání prázdnoty.
Lék na prázdnotu je ale hlubší prázdnota,
ne její zaplnění ideami, které se nám zalíbily
a které jsme zdomácnili a tak jim dodali
všeobecné platnosti.
Unést prázdnotu je opravdovější.

My dears, I would so gladly come to visit,
but I don't know where to find you.
You are shrouded in mystery, and it is not certain that it will still be
possible to meet.
Some people are convinced of that,
but as we all know, convictions are usually foolish.
Conviction is conviction, and being is being.
People form convictions to drive away emptiness.
But the cure for emptiness is a deeper emptiness,
not filling it with ideas we have taken a fancy to
and have domesticated, and so invested with
a general validity.
To bear the emptiness is more genuine.

Přišla kočička, ráda se hladila, ráda vystrkovala bílé měkoučké bříško, objímala se a spokojeně předla. Vyskakovala na židle, na stoly, na postele i pohovky, na stromy... Milovala květiny, které jí voněly a tak jim nemohla odolat. Když byla mladší, dokázala být pěkně dominantní a protivná, ale teď už změkla a zpříjemněla a dřívější ostražitost zaměnila za mazlivost. Blízkost s člověkem se jí stala nejdůležitější v posledních čtyřech letech, skoro jak u lidí—dobrodružství už ztratila svůj pel a byla zaměněna procházkami po stole a tulením u počítače. Kočička zázraků, která nikdy nezaváhala a všecky překážky - malé i větší - úspěšně překonala—někdy zlostně, jindy tiše, vzdorujíc všemu.

A little cat came, she liked to be petted, she liked to stick out
her soft white belly, to embrace, and to purr contentedly.
She would jump onto chairs, tables, beds, and couches,
up into the trees…
She loved flowers, which smelled so good, she couldn't resist.
When she was younger, she could be quite domineering
      and spiteful,
but now she has become soft and pleasant, replacing her former
wariness with affection. Human closeness has become the most
important thing to her in the last four years. Almost like with people—
adventures have already lost their appeal and have been exchanged for
strolls across the table and cuddling by the computer.
A miracle cat who never wavered and overcame all obstacles—great and
small—sometimes angrily, at other times calmly,
defying it all.

Noc může být tak romantická a také osamělá,
když kroky ztichly a dech se odmlčel.
Náhle není ani stopy po bytosti,
která denně uléhala se mnou beze slova, bez rozmyšlení.
To, co plynulo, přestalo plynout, přestalo být.
Tenký led bytí se ale nesmí prolomit.
Je třeba opět vynalézt další způsob bytí,
další sen, další znění, další den po noci, která
nesouzní, nezpívá, nespí.

A night can be so romantic, but also lonely,
when footsteps grow silent and breathing is paused.
Suddenly there is no trace of the being
that lay down with me daily without a word, without hesitation.
A current once strong has ceased to be.
But the thin ice of being must not be broken.
One must invent another way to be,
another dream, another sound, another day after the night, that
has no resonance, no song, no sleep.

Konec zavítal opět do mého obydlí
jako už tolikrát.
Smrt některých byla unesitelná, smrt jiných
rozštípla život vejpůl. Jakoby už nebyl
den dnem, noc nocí, ráno ránem a večer večerem.
Konec, bezmoc, úsilí jít dál, i když se dál už
jít nechce. Život sice pokračuje, ale už není tím,
co byl. Každá taková smrt ukrajuje kousek ze srdce
a zmenšuje objem plic. Nejsmutnější jsou odchody
zvířátek, co jsou jak děti, tak zcela oddané, nevinné
a nemohoucí. Dívat se na jejich utrpení je zdrcující
a vykročit do života bez nich hluché.
Radovat se nepochopitelné.
A tak nezbývá než doufat ve psí nebíčko.
Stačí jen přejít most.

Another end has come to visit my home
as so many times before.
The deaths of some were bearable, the deaths of others
split life apart. As if the day were no longer
a day, the night a night, the morning a morning
        or the evening an evening.
An end, powerlessness, the effort to move on, even though
the will is no longer there. Life may go on, but it is no longer
the same. Every such death slices off a piece of the heart
and reduces the capacity of the lungs. The saddest is the loss
of animals. They are like children, so utterly devoted, innocent
and helpless. To watch their suffering is devastating,
and to step into a life without them is insensate.
To rejoice, inconceivable.
And so, we can only hope there is a patch of heaven for dogs.
Just a bridge away.

V tolika jazycích jíme a pijem,
v tolika vodách se brodíme.
Velká láska nás spojuje i dělí,
prostor se dnes menší, a stejně rozděluje,
čas líbá na rty znenadání a ulevuje.
To, co bylo už prostě není a tak
jsme vysvobozeni.
Očištěni ohněm, jdeme dál.
Co bychom byli bez něj?
Jen bramborové placky na různé způsoby.

We eat and drink in so many languages,
we wade in so many waters.
Great love unites us and divides us,
Space is getting smaller these days, but still keeps us apart,
time kisses our lips unexpectedly and lightens our load.
Things that once were, simply are no more,
and so, we're set free—
purified by fire, we carry on.
What would we be without fire?
Just potato pancakes made in various ways.

Cesta dělání je cesta bytí.
Otázka prostě není.

Je dosti času na nebytí.
Pokud ovšem i to není bytím.

Cesta je kluzká, těžko uchopitelná,
ale zůstaň, zůstaň na ní!

Nikdy neodcházej, nikdy nevykukuj!
Zůstaň uvnitř, zůstaň s ní.

The way to do is to be.
No two ways about it.

There is plenty of time for nonbeing.
Unless, of course, that is also being.

The road is slippery, hard to grasp.
But stay the course!

Never stray, never peek out!
Stay within its bounds, stick with it!

Rozmístit stroje a nástroje
do příslušných míst, do zdroje,
projít se po dešti a po přístřeší,
prodělat nemoci a neštěstí a znovu ožít,
zeptat se na ptáčky a příliv na pobřeží,
prožít úžas a štěstí a nezamezit
zápasu písku s mořem, užít si
obojího včas, než zmizí s očí,
neusnout na vavřínech, nezlenivět,
nepřeskočit přes všechny prahy -
zahrát si na prince z doby, když
ještě byli, na bílé koně a cválat
jak kdyby byly, napínat zrak
do dálek, do hlubin, do zapomnění.
Najít zázračný proutek, co není k nalezení
a zasadit ho v zahradě bez zasvěcení.

To place machines and instruments
appropriately, at the power source
to take a walk in the rain and through a shelter,
to live through illness and misfortune and
to come back to life again,
to ask about the birds and the rising tide,
to experience amazement and happiness and not to disrupt
the struggle of the sand with the sea, to enjoy
each before it disappears from your sight,
to not rest on your laurels, to not grow lazy
to not jump over thresholds unnecessarily—
to play a prince from a time when
princes still existed, to play a white horse and gallop
as if it existed, to peer
into the distance, into the depths, into oblivion.
To find the magic wand that keeps itself hidden
and plant it in the garden without consecration.

Život rodí smrt. Jsou věrní přátelé.
Jedno milujeme, druhé nenávidíme.
Jedno nás rozradostňuje, druhé rozesmutňuje.
A přece jsou totožné, byť se zdají být svými opaky.
V některých textech Bůh doporučuje rozmnožování života.
V jiných je to zas považováno za bláhovost,
jelikož rozmnožování života je i rozmnožováním smrti.
V dalších nastane pravý život až po ní.
A jiní považují smrt za bránu k nicotě, nebytí,
nelásce, nekomunikaci, nevýznamu
dokud se nestanem nezranitelnými.

Life begets death. They are faithful friends.
We love one, hate the other.
One brings us joy, the other sorrow.
And yet they are one and the same, even though
they seem to be opposites of each other.
In some texts, God recommends multiplying.
In others, this is considered a delusion
as the multiplication of life is also the multiplication of death.
In some, real life comes only after it.
And others consider death a gateway to nothingness, nonbeing,
non-love, non-communication, non-meaning
until we become invulnerable.

Měkká poddajnost vody...

Pamatuj, pamatuj!
Tou musíš být,
abys překonal tvrdost kamenů -
ty nepoddajné, ty hrubé, ty nepromíjející,
ty nepřítomné duchem, ty nepřítomné,
ty roztěkané, ty ustarané,
ty kruté, ty bezmyšlenkovité,
ty chybějící, ty opožděné,
ty neuctivé, ty hloupé,
ty zapomnětlivé, ty zapomenuté.

The soft pliancy of water...

Remember, remember!
It is what you must be
to overcome the hardness of the stones—
the unpliable, the coarse, the implacable,
the absentminded, the absent,
the scatterbrained, the preoccupied,
the cruel, the thoughtless,
the missing, the late,
the disrespectful, the stupid,
the forgetful, the forgotten.

Lemuria

Zbavena tíže,
naplňuji život.
Zbavena kůže,
získávám křídla.
Zbavena strachu,
sálám láskou.
Již více nemučena
neúprosnými hlasy,
krutými obrazy,
zradou, prázdnotou.

Nahé
neviditelné
neslýchané
světlo -
já

Lemuria

Having shed weight,
I fulfill my life.
Having shed skin,
I receive my wings.
Having shed fear,
I radiate love.
No longer tortured
by relentless voices,
cruel images,
betrayal, emptiness.

Naked
invisible
unheard-of
light—
me.

Až tu nebudu

(skoro jako teď)
bude to krásné
(skoro jako teď)
budu pozorovat
(skoro jako teď)
budu zřít
(skoro jako teď)
budu svědkem
(skoro jako teď)
budu u Boha
(skoro jako teď)
nikdo mě nebude vidět
(skoro jako teď)
vše bude odevzdáno
(skoro jako teď)
vše bude umyto
(skoro jako teď)
budu volná jak pták
(skoro jako teď)
vše bude úžasné
(skoro jako teď)
podávat ruce budu andělům
(skoro jako teď)
nic mě nebude mrzet
(skoro jako teď)
vše bude v tichu
(skoro jako teď)
budu se radovat a zvonit
dotýkat se rtů
dělat radost živým
hladit je v duchu
(skoro jako teď)

When I am gone

(almost like now)
it will be beautiful
(almost like now)
I will watch
(almost like now)
I will see
(almost like now)
I will be a witness
(almost like now)
I will be with God
(almost like now)
no one will see me
(almost like now)
all will be handed over
(almost like now)
all will be washed away
(almost like now)
I will be free as a bird
(almost like now)
everything will be fantastic
(almost like now)
I will shake hands with the angels
(almost like now)
I will regret nothing
(almost like now)
everything will be silent
(almost like now)
I will rejoice and ring the bells
touch lips
give joy to the living
caress them in spirit
(almost like now)

Můj malý Buddho, drahá
lásko má.
S tebou v tvé nesmrtelnosti jsem svá.
Plujeme v oblacích.
Jsme v nich.
V letu
sníme
o pevném
stehu.
Jsme mír.

My little Buddha, my sweetheart,
my love.
I find myself in you and your immortality.
We float in the clouds.
We are inside them.
As we fly,
we dream
about a well-stitched
seam.
We are peace.

Bronislava Volková je básnířka, kolážistka, sémiotička, esejistka překladatelka, a emeritní profesorka Indiana University, Bloomington, USA, kde na katedře slavistiky vedla třicet let bohemistiku. Odešla do exilu v r. 1974, učila na univerzitách v Kolíně nad Rýnem, v Marburku, na Harvardě a na University of Virginia v Charlotesvillu. Je členkou českého a amerického PEN klubu. Je autorkou jedenácti knih poezie v češtině a sedmi dvojjazyčných vydání ilustrovaných vlastními kolážemi, dále dvou knih lingvistické a literátní sémiotiky (*Emotive Signs in Language*, John Benjamins, Amsterdam, 1987 a *A Feminist's Semiotic Odyssey through Czech Literature*, Edwin Mellen Press, New York, 1997), jakož i hlavní autorkou (s Clarice Cloutier) rozsáhlé dvojjazyčné, česko-anglické antologie české poezie *Up The Devil's Back: A Bilingual Anthology of 20th Century Czech Poetry*, Slavica Publishers, Bloomington, 2008 a nejnověji *Podoby exilu v židovské literatuře a myšlení dvacátého století*, Pavel Mervart, 2022 (anglické vydání: Academic Studies Press, Boston, 2021). Její poezie byla přeložena do třinácti jazyků a knihy vybraných veršů vyšly v šesti z nich. Od roku 2000 je rovněž činná jako výtvarnice a režisérka multimediálních představení poezie. Volková obdržela několik mezinárodních cen za literaturu a kulturu. V roce 2018 se vrátila do rodné země a v současnosti žije v Praze.

Více informací je možno nalézt na www.bronislavavolkova.com.

Bronislava Volková is a bilingual poet, semiotician, translator, collagist, essayist, and Professor Emerita at Indiana University, Bloomington, where she was a director of the Czech Program at the Slavic Department for thirty years. She went into exile in 1974, taught at the Universities of Cologne and Marburg, and subsequently at Harvard and the University of Virginia in Charlottesville. She has published eleven books of existential and metaphysical poetry in Czech and seven bilingual editions illustrated with her own collages. She is also the author of two books on linguistic and literary semiotics: *Emotive Signs in Language* (John Benjamins, Amsterdam, 1987) and *A Feminist's Semiotic Odyssey through Czech Literature* (Edwin Mellen Press, New York, 1997), as well as lead translator and editor (with Clarice Cloutier) of a large anthology of Czech poetry translations, *Up the Devil's Back: A Bilingual Anthology of 20th Century Czech Poetry* (Slavica Publishers, Bloomington, 2008). Her newest book is *Forms of Exile in Central European Jewish Literature and Thought* (Academic Studies Press, Boston, 2021; Czech edition by Pavel Mervart, Prague, 2022). Her poetry has been translated into thirteen languages, six of them as books. Since 2000, she has also been active as a collage artist and director of multimedia poetry performances. She has received a number of international literary and cultural awards and is a member of the Czech and American PEN clubs. She returned to her native country in 2018 and currently lives in Prague.

More at www.bronislavavolkova.com.